LE PETIT LIVRE DES ANECDOTES
LES PLUS DRÔLES

Dans la même collection
au cherche midi

Le Petit Livre des pensées les plus drôles
Le Petit Livre des répliques les plus drôles
Le Petit Livre des méchancetés les plus drôles
Le Petit Livre des épitaphes les plus drôles

LE PETIT LIVRE DES ANECDOTES LES PLUS DRÔLES

le
cherche
midi

© le cherche midi, 2006
23, rue du Cherche-Midi, 75006 Paris.

Vous pouvez consulter notre catalogue général et l'annonce
de nos prochaines parutions sur notre site Internet :
cherche-midi.com

Alors qu'il est chef d'état-major de Tsahal, l'armée israélienne, Moshe Dayan est arrêté pour excès de vitesse par un policier militaire. Pour se justifier, il ne trouve qu'à répondre : « Je n'ai plus qu'un seul œil. Que dois-je regarder ? La route ou le compteur ? »

Picasso, après la libération de Paris, discutait avec un GI américain qui lui disait qu'il n'aimait pas la peinture moderne parce qu'il ne la trouvait pas assez réaliste. Le peintre ne répondit pas immédiatement mais, quelques minutes plus tard, alors que le soldat lui montrait une photo de sa fiancée, il lui lança d'un air surpris : « Bon sang ! Elle est vraiment aussi petite que ça ? »

Un ami d'Albert Einstein lui présente un jour son fils de dix-huit mois. L'enfant dévisage un court instant le scientifique avant de se mettre à hurler. Einstein, en caressant la tête du bambin : « Tu es la première personne depuis des années qui me dise vraiment ce qu'elle pense de moi. »

Le pianiste de jazz George Shearing, qui était aveugle de naissance, se retrouva un jour à une intersection de Manhattan durant l'heure de pointe. Il attendait que quelqu'un veuille bien le mener de l'autre côté de la rue lorsqu'il sentit une main sur son épaule. C'était un autre aveugle qui lui demandait s'il ne voulait pas l'aider. Plus tard, Shearing raconta en riant :

« Qu'est-ce que je pouvais faire d'autre ? Je l'ai fait traverser. Et ça a été la plus grosse émotion de ma vie. »

Le milliardaire Rockfeller passe un jour un appel en PCV depuis une cabine publique. À la fin de sa conversation, la pièce qu'il a mise pour la tonalité ne lui est pas restituée. Il appelle aussitôt l'opérateur pour réclamer son dû. L'employé lui demande alors son nom et son adresse afin de lui envoyer la somme par la poste. « Bien, mon nom est John D. Rock... Bon, oubliez ça. De toute façon vous ne me croirez pas. »

Le vicomte de Choiseul colportait les pires ragots sur Mme de Staël. Un jour qu'ils se rencontrèrent dans un salon, la politesse les força à échanger quelques mots et elle s'enquit de sa santé.

– J'ai été très souffrant, madame, j'ai cru m'être empoisonné.

– Ah ! Vous vous êtes mordu la langue ?

Winston Churchill assistait à l'inauguration de sa propre statue, lorsqu'un ami le questionna.

– C'est une chose rare qui vous arrive. Quelle impression éprouve-t-on ?

– Je ne peux vous dire qu'une chose, c'est qu'on regarde les pigeons d'un tout autre œil.

De passage à Londres, Charlie Chaplin voit un jour dans le journal qu'un concours de sosies de Charlot est organisé dans le quartier de son hôtel. Il s'y rend, anonymement, fait sa démonstration... et finit classé 27e !

À propos de Pierre Brasseur :

La dernière fois que je l'ai vu, c'était pendant l'Occupation. Il était l'objet de poursuite de l'État français. Il avait traité en public le maréchal Pétain de vieux con. « Tu comprends, me disait-il, j'ai dit ça spontanément... Et le plus fort c'est que je n'étais pas saoul du tout... Alors, je n'ai même pas d'alibi. Tu vois où ça vous mène la sobriété. » (Cité par Henri Jeanson.)

Un producteur demanda un jour à Igor Stravinski d'écrire la musique de son film. Il lui proposa pour ce travail une certaine somme, que le musicien trouva insuffisante.

– Comment, se récria le producteur, mais votre prédécesseur se contentait de cette somme !

– Bien sûr, répondit Stravinski, mais, lui avait beaucoup plus de talent que moi, donc beaucoup moins de travail à fournir.

Extrait du journal d'Emil Cioran : « Hier, élection d'Eugène [Ionesco] à l'Académie. Il m'a dit, terrifié : "C'est pour toujours, pour l'éternité." Je le rassure : "Mais non, pense à Pétain, à Maurras, à Abel Hermant et à quelques autres. Ils en furent chassés. Tu auras peut-être aussi l'occasion de commettre quelque acte de trahison." Lui : "Il y a donc de l'espoir." »

Claude Chabrol : « Un jour je me suis mis à recevoir des coups de fil à Paris de gens qui me demandaient combien je vendais ma maison en Anjou. Incrédule, je leur répondais qu'elle n'était pas en vente. Jusqu'au jour ou j'ai eu le fin mot de l'histoire, Depardieu était passé me voir un jour là-bas en voisin, trouvant la maison fermée pour les vacances, il y avait accroché un panneau À VENDRE avec mon numéro de téléphone dessus ! »

Francis Blanche donnait un jour un cocktail. Parmi nombre de personnalités du spectacle, une jeune comédienne était présente, dont les dernières pièces avaient toutes été des échecs. Francis Blanche se retourna un moment vers la malheureuse pour lui demander : « Veux-tu bien faire passer les petits-fours, toi qui en as l'habitude ? »

L'acteur américain Robin Williams, lorsqu'il se vit récompensé par l'Oscar du meilleur acteur pour sa participation au film *Will Hunting*, fit le commentaire en recevant son trophée : « Avant tout, je voudrais remercier mon père, qui est dans la salle, l'homme qui, lorsque je lui ai dit que je voulais devenir acteur, m'a répondu : "Formidable, mais il te faut quand même un métier de secours, fraiseur-tourneur par exemple." »

En 1945, le général de Gaulle passe en revue les FFI de Toulouse. La majorité s'est généreusement attribué des grades sous l'Occupation : colonels, commandants et capitaines forment une longue haie. Soudain, le général tombe sur un modeste sergent-chef. Une chose assez insolite pour le faire réagir : « Tiens ! Vous ne savez donc pas coudre vous ? »

Réponse d'Alfred Hitchcock à l'actrice Mary Anderson qui lui demandait quel était selon lui son meilleur profil : « Ma chère, vous êtes assise dessus. »

L'actrice Bette Davis eut la désagréable surprise d'apprendre par son avocat que la nouvelle de sa mort se répandait à New York. Elle se figea, outrée, puis éclata de rage : « Pour qui me prend-on ? Moi, mourir pendant une grève de la presse ! Hors de question ! »

Dans le monde du cinéma, la propension de Marilyn Monroe à arriver très en retard sur les tournages était légendaire. Sur le tournage de *Certains l'aiment chaud*, le réalisateur Billy Wilder aurait eu motif à faire part de son exaspération : retards continuels, air fatigué, méconnaissance du script : l'actrice semblait moins professionnelle que jamais. Toutefois, il en parlait avec détachement : « Ma tante Minnie, elle, était toujours ponctuelle. Mais qui paierait pour voir ma tante Minnie ? »

Richard Nixon signait des exemplaires de son livre *Six crises* dans une librairie en prenant soin de demander à chacun de ses futurs lecteurs à quel nom il devait adresser son autographe. Un homme se présenta : « Monsieur le président, je suis votre septième crise. Mon nom est Stanislaus Wojechzleschki. »

Arletty, à la Libération, s'était vu reprocher devant un tribunal d'avoir eu un faible pour un amant allemand. Superbe réponse de l'amoureuse : « Vous savez, monsieur le juge, je ne suis pas très résistante... »

Victor Hugo avait un barbier très bavard, qui un jour lui confia, tout en le rasant, son effroi des rumeurs annonçant la fin du monde à courte échéance.

– Ah ! Bon Dieu ! On assure que l'année prochaine, le monde va finir. Le 2 janvier, les bêtes mourront et le 4 ce sera le tour des hommes.

– Vous m'effrayez ! Qui donc alors me rasera le 3 ?

Après l'ascension spectaculaire de l'Everest, le guide indien Nawang Gombu, coéquipier de l'Anglais Whittaker, fut pris d'assaut par les journalistes. L'un d'eux demanda :

– À quoi avez-vous pensé une fois arrivé là-haut ?

– À redescendre.

Sacha Guitry téléphona un jour à Jean Tissier :

– Cher ami, voulez-vous me faire la joie d'incarner un gardien de musée dans mon prochain film, *Si Paris m'était conté* ?

– Volontiers, Maître.

– Fixez vous-même le montant de votre cachet.

– Eh bien, fit le nonchalant comédien, comme j'ai déjà joué le même rôle dans *Si Versailles m'était conté*, ce qui me plairait, c'est que vous obteniez des Beaux-Arts qu'ils me titularisent, ce qui me donnerait droit à une retraite.

Pierre Dac n'oubliait jamais de donner des pourboires. Il demanda un jour au concierge d'un hôtel :

– Auriez-vous cinquante francs à me prêter ?

– Naturellement, monsieur.

– Eh bien, gardez-les. C'était pour vous.

L'empereur Auguste voyageant en Grèce y rencontra son sosie. Cette ressemblance l'étonna et il demanda à l'homme : « Ta mère est-elle venue à Rome avant ta naissance ? » Vexé par cette question qui mettait en doute l'honnêteté de sa mère, l'homme retourna l'accusation : « Ma mère ? Pas que je sache. Mais mon père y allait souvent autrefois... et je suis son portrait tout craché. »

Fernand Raynaud venait d'offrir une montre en platine à Jean Nohain. Ravi, celui-ci l'exhiba aux caissières et aux serveurs. Fernand Raynaud murmura à son voisin : « Heureusement que je ne lui ai pas offert un slip ! »

Parlant avec son ami le dessinateur Gus Bofa, le polémiste Jean Galtier-Boissière rêvait tout haut :

– Je n'écrirais plus une ligne et je me remettrais à la peinture, si je gagnais les vingt millions de la Loterie nationale.

– C'est votre dernier prix ?

William Faulkner s'excusait de ne pas arriver à l'heure à une réception où on l'attendait :

– J'ai été retardé par un mariage.

– Un mariage d'amour ?

– Non, de haine, de haine farouche ! Elle déteste la solitude, et lui déteste la misère.

Un procureur voulait rivaliser d'esprit avec Swift et lui posa cette question :

– Monsieur, si le clergé et le diable avaient un procès ensemble, qui des deux aurait l'avantage ?

– Le diable, c'est certain, puisqu'il s'est emparé de tous les avocats.

Sous la Terreur, au cours d'une séance du Tribunal révolutionnaire, l'un des juges ajouta une particule au nom de Martainville, un journaliste d'une courageuse impertinence. Ce dernier, qui risquait l'échafaud, garda un calme étonnant et rectifia avec humour : « Je ne suis pas ici pour qu'on m'allonge, mais plutôt parce qu'on veut me raccourcir. » Le président du tribunal, sensible à cet esprit d'à propos, trancha : « Eh bien, qu'on l'élargisse ! »

Francis Blanche se promenait un jour avec son ami Jean Carmet dans une de ses grosses Cadillac décapotables. Ne trouvant pas de place pour se garer, il s'arrêta à la hauteur d'une vieille 4 CV délabrée, en plein centre de Paris. Jean Carmet sauta de la voiture, faisant mine de chercher une place. Avisant le tacot, il cria à Francis Blanche, au beau milieu de la foule des grands jours : « Ici, Francis, il n'y a qu'une bagnole de prolo... » La réaction de l'acteur ne se fit pas attendre. Il manœuvra et enfonça l'arrière-train de la Cadillac dans la 4 CV, recommençant à plusieurs reprises, s'acharnant, jusqu'à ce que la pauvre voiture prenne l'aspect d'une œuvre de César. Un attroupement se fit autour de la scène. Devant les badauds indignés, Jean Carmet ne perdait rien de son légendaire flegme, en rajoutant même : « Voiture de minable, véhicule de pauvre, médiocrité... » La police avertie par les passants arriva sur les lieux. Francis Blanche

s'offusqua devant les représentants de l'ordre :
« Eh bien quoi, on n'a plus le droit de casser ses
propres affaires. » Il exhiba alors ses papiers :
la 4 CV lui appartenait. Il l'avait achetée spé-
cialement pour l'occasion.

En 1841, Phineas Barnum acheta à New
York un vieux musée dont il sut presque ins-
tantanément faire une attraction majeure... à
tel point que la queue qui se présentait chaque
matin était si longue que les gens avaient bien
du mal à y avancer. Il fallait donc presser un
peu les visiteurs et il résolut le problème en
plaçant une enseigne devant l'entrée, qui
disait : « VERS LA SORTIE ».

Lisant l'avis de son décès dans un journal,
Rudyard Kipling rédige un courrier à l'adresse
de son directeur : « Monsieur le directeur,
comme vous êtes généralement bien informé,

cette nouvelle doit être exacte. C'est pourquoi je vous prie d'annuler mon abonnement, qui ne me serait désormais d'aucune utilité. »

Le politicien américain Henry Ward Beecher prononçait un discours en public lorsqu'un membre de l'assistance se permit de lancer une imitation de cri du coq. La foule éclata de rire et Beecher, sans se démonter, se contenta de regarder sa montre avant de déclarer : « Comme c'est étrange ! Ma montre me dit qu'il est dix heures et pourtant il doit être bien plus tôt. En principe, les animaux les plus vils ont un instinct absolument infaillible. »

José Artur raconte : « La petite fille d'un de mes invités a eu un mot superbe. Elle a cinq ans, la famille, à table, discute de la peine de mort ; dans un silence, elle laisse tomber :
– Moi je suis pour la peine de mort...

– C'est ton droit... Mais pourquoi ?

– Ben, quand on est mort, c'est normal qu'on ait de la peine... »

L'éditorialiste politique anglais William Beaverbrook avait publié un article assez insultant à l'encontre du député Edward Heath. Ils se rencontrèrent un jour dans les toilettes d'un club londonien qu'ils fréquentaient tout deux. Embarrassé, Beaverbrook l'aborda pour s'excuser :

– Mon cher, j'y ai beaucoup repensé et j'avais tort. Je vous prie de bien vouloir me pardonner.

– Fort bien, grogna Heath. Mais la prochaine fois je préférerais que vous m'insultiez dans les toilettes et que vous vous excusiez dans votre journal.

Francis Blanche animait un gala au cours duquel il devait présenter Roger Pierre et Jean-Marc Thibault. Ce qu'il fit non sans malice : « Et voici Roger Pierre et Jean-Marc Thibault ! Vous verrez : il y en a un des deux qui est formidable ! »

Jean Yanne : « C'est Géraldine Chaplin qui m'a raconté la plus belle anecdote sur la célébrité. Un jour, elle se promenait dans la rue, en Espagne. Elle croise deux femmes, qui s'arrêtent. L'une lui demande : "Je peux avoir un autographe, s'il vous plaît ?" L'autre se tourne vers son amie :

– Mais qui c'est ?

– Tu ne la reconnais pas ? C'est la fille de Laurel et Hardy ! »

L'actrice américaine Tallulah Bankhead avait la réputation d'être une incorrigible bavarde. Un de ses amis, le magicien Fred Keating, sortait d'un rendez-vous avec elle et déclara : « Je viens de passer une heure à parler à Tallulah pendant quelques minutes. »

Lors d'une séance de l'Académie française, Benserade s'installa à la place d'un de ses pires ennemis : Furetière. S'asseyant, il lança à la cantonade : « Voilà une place où je vais dire bien des sottises ! » Réplique immédiate de Furetière : « Courage, vous avez bien commencé ! »

Le dramaturge George Bernard Shaw envoya un télégramme à Winston Churchill pour la première d'une de ses pièces : « Vous ai réservé deux places pour la première. Amenez un ami, si vous en avez un. »

Réplique télégraphique immédiate du Vieux Lion : « Présence impossible pour la première. Viendrai à la deuxième, s'il y en a une. »

Le général Galliffet fut surpris dans le lit d'une femme par son mari. Furieux, l'homme bafoué invectiva le militaire entreprenant et s'apprêtait à le frapper. Galliffet, imperturbable, lança : « Trop tard ! C'est avant qu'il fallait frapper ! »

Après avoir reçu un invité, Sacha Guitry, serviable, lui tend une boîte de cigares ouverte. Sans gêne, l'individu en pioche plusieurs qu'il enfourne dans sa poche en expliquant : « C'est pour la route. »

Impassible, Guitry le raccompagne hors de son bureau, lui serre la main et conclut : « Merci d'être venu de si loin. »

« Quand j'ai emménagé dans mon nouvel appartement, raconte Sim, une voisine m'a dit : "Oh ! monsieur Sim, vous venez habiter chez nous, comme on va s'amuser !" Elle s'attendait sans doute à ce que je fasse les pieds au mur du jardin, que je traverse le corridor en aboyant. Aujourd'hui, quand je la croise, elle me gratifie d'un petit bonjour un peu sec. Il y a comme un reproche, une déception dans son regard. »

Un joueur d'orgue du nom de Petti interprétait sous les fenêtres de Verdi un air de son opéra, *Rigoletto*. Verdi, irrité de voir son œuvre ainsi massacrée, vint lui expliquer qu'il lui fallait respecter le tempo. Dès le lendemain, l'artiste des rues plaça une pancarte avec cette inscription : « Giacomo Petti, élève de Verdi ».

Bernard Shaw, chaque année, remplissait consciencieusement sa déclaration de revenus, à un bémol près : À la question : « Partagez-vous vos revenus et, si oui, avec qui ? », le dramaturge n'oubliait jamais de porter la mention : « Oui. Avec mon percepteur. »

Le maréchal de Richelieu entre un jour dans les appartements de sa femme et constate qu'elle se livre à l'adultère. Le maréchal reste calme et part après avoir livré un conseil à son épouse : « Pensez du moins à fermer votre porte, Madame. Si un autre que moi entrait, vous seriez déshonoré... »

Le compositeur Gluck, se promenant dans Paris, casse par maladresse un carreau de la devanture d'une boutique. Le commerçant sort agonir d'injures le malheureux qui se retient de répondre et tend un écu à l'atrabilaire. Il y en a pour plus du double des frais de réparation et le boutiquier répond qu'il va lui rapporter la monnaie de la somme. Alors Gluck : « Ne vous donnez pas cette peine. » Et le compositeur casse, délibérément cette fois-ci, un second carreau avant de conclure : « Voilà, nous sommes quittes ! »

Lloyd George était encore à ses débuts en politique. Le futur Premier ministre anglais prononçait un discours dans une réunion houleuse devant une assistance composée de femmes. L'une d'elles se leva pour l'interrompre et lui crier :

– Si vous étiez mon mari, vous, je vous donnerais du poison !

– Si vous étiez ma femme, madame, je le prendrais !

Le corsaire Surcouf fut un jour apostrophé en mer par un amiral anglais qui lui lança :

– Vous vous battez pour l'argent, moi je me bats pour l'honneur !

– Chacun se bat pour ce qui lui manque !

Traversant une place de Paris à cheval, Bonaparte trouva une foule hostile. Une femme du peuple, l'apercevant, ameuta les autres :

– Les voilà ! Les voilà ceux qui s'engraissent à nos dépens !

– La mère, regarde-moi et dis quel est le plus maigre de nous deux ?

Comme Bonaparte était mince à l'époque, il mit les rieurs de son côté et passa son chemin.

Bernard Grasset parlait avec Jean Cocteau de la suprématie de l'éditeur :

– Oui, Cocteau, l'éditeur est plus important que l'auteur.

– Très juste ! Et vous devriez bien imiter les producteurs de cinéma et annoncer, par exemple, en gros titre : UN LIVRE DE GRASSET, et en petits caractères : Paroles de Mauriac.

Guy Bedos se souvient : « L'autre soir, il y a un type qui est passé devant la scène au milieu du spectacle en me murmurant : "Je reviens !" Je l'ai laissé sortir, j'ai tout arrêté et on l'a attendu. Deux mille personnes qui sont restées à l'attendre. Quand il est revenu, il a fait un triomphe. C'est la première fois qu'il avait un tel succès en sortant des toilettes ! »

La dernière réplique d'Eugène Labiche fut prononcée quand, âgé de soixante-treize ans, il s'apprêtait à mourir. Son fils lui murmurait avec émotion :

– Papa chéri, tu vas bientôt retrouver maman au paradis. Alors veux-tu lui dire, s'il te plaît, que je pense à elle et que je ne l'ai jamais oubliée.

– Dis donc ! Tu ne pourrais pas faire tes commissions toi-même ?

Le prêtre chargé de donner l'absolution à Landru le matin de son exécution eut du fil à retordre ! Comme le condamné le fuyait, le prêtre lui posa finalement la question :

– Croyez-vous en l'existence de Dieu ?

– Monsieur l'abbé, vous n'êtes pas sérieux. Je suis à l'article de la mort, on va me trancher la tête dans deux minutes et voilà que vous me posez des devinettes !

L'acteur américain George Raft avait, au cours de sa très longue carrière, gagné beaucoup d'argent, mais à la fin de sa vie ne vivait qu'avec peu. Il s'en expliquait ainsi : « J'en ai dépensé une grande partie au jeu, et puis une autre grande partie sur des chevaux, et une autre grande partie avec des femmes. Le reste, je l'ai gâché stupidement. »

La cantatrice suédoise Birgit Nilsson négociait une fois de plus difficilement son contrat avec Herbert von Karajan, qui dirigeait à l'époque l'opéra de Vienne, lorsque son collier de perles se rompit. Karajan et ses collaborateurs se penchèrent pour ramasser les perles éparpillées. Le chef d'orchestre motiva sa troupe en déclarant :

– Nous devons les trouver toutes, messieurs, ces perles très chères, madame Nilsson se les achète avec les salaires élevés qui lui sont versés par le Metropolitan.

– Non, répliqua madame Nilsson, ce ne sont que des imitations que j'ai payées avec les maigres salaires que me verse l'opéra de Vienne.

Le polémiste Henri Rochefort était venu un jour témoigner au tribunal pour la défense d'un ami qu'on avait accusé d'homicide envers l'amant de sa femme :

– Je suis sûr, monsieur le président, que l'inculpé n'avait aucune intention meurtrière quand il a surpris les coupables.

– Vous aurez du mal, répliqua le président, à nous faire admettre qu'un monsieur emporte dans sa poche un revolver chargé sans avoir l'idée de tuer !

– Mon Dieu, monsieur le président, j'ai sur moi tout ce qu'il faut pour commettre un attentat aux bonnes mœurs et cependant je vous assure que je n'y songe nullement !

À un ami qui lui proposait de se changer les idées en allant au cinéma après le décès de son père, Francis Blanche répondit : « D'accord, mais pas de film en couleurs, je suis en deuil. »

Une vieille coquette qui se croyait bien conservée eut la maladresse de demander au marquis de Bièvre :

– Combien d'années me donnez-vous ?

– Oh, madame, vous en avez assez sans que je vous en donne.

Un auteur contestait à Samson, comédien et lui-même écrivain, le droit de voter contre sa tragédie lors d'une réunion du comité de la Comédie-Française :

– Vous ne pouvez pas donner votre avis. Vous avez dormi, ne le niez pas, je vous ai vu !

– Mais, monsieur, le sommeil est une opinion !

Sim : « Au cours d'un tournage en extérieur, Coluche et moi avions monté un canular dont un hôtelier fut la victime. Nous sommes entrés dans un hôtel très chic, Coluche en salopette et moi, en baronne de la Tronche en Biais. Coluche s'adresse à l'hôtelier :

– Vous n'auriez pas une chambre pour un quart d'heure ?

– Non, monsieur, répond l'hôtelier, ici c'est un établissement honnête. On ne loue pas de chambre pour un quart d'heure !

Coluche se retourne vers moi qui attends timidement à l'entrée : "Eh, ma chérie, il ne loue pas pour un quart d'heure. Tu crois que tu pourrais y arriver en dix minutes ?" »

Si l'on en croit Apollinaire, Jarry possédait, sur la cheminée de sa chambre, un monumental phallus de pierre. Une dame de lettres, venue lui rendre visite, aperçut l'objet. Elle le désigna, interrogative :

– C'est une reproduction ?

– Que non, madame, fit Jarry, c'est une réduction !

Une dame demandait à Aurélien Scholl les conditions de survie pendant le siège de Paris en 1871 :

– Est-il vrai que les femmes étaient obligées de manger du chien ?

– Rien de plus vrai ! On espérait même que cela leur donnerait quelques principes de fidélité !

Mourant, sur son lit, Mendelson, âgé de quatre-vingt-dix ans, boursier célèbre, reçoit la visite du rabbin venu l'assister dans ses derniers moments.

– Je ne suis pas encore mort, lui murmure Mendelson.

– Qui parle de mort ? Vous vivrez jusqu'à cent ans, lui dit le rabbin.

Et Mendelson, dans un faible soupir, répond : « Pourquoi voulez-vous que Dieu prenne à cent ce qu'il peut avoir à quatre-vingt-dix. »

En 1947, invité par un magazine américain à faire un reportage sur les États-Unis, Marcel Aymé débarque pour la première fois à Manhattan. Quelques jours plus tard, il répond aux questions d'un journaliste :

– Qu'est-ce qui vous étonne le plus à New York ?

– C'est de m'y voir.

Une actrice assez flétrie par les ans confessait son cas de conscience à l'abbé Mugnier :

– Quand je passe devant mon miroir, je m'écrie : « Je suis belle ! » Est-ce un péché ?

– Non... ce n'est qu'une erreur.

Un jeune homme vaniteux déclarait à Alfred Capus :

– Moi, je n'ai jamais de rhume de cerveau !

– Cela ne me surprend pas ! Pour ma part, je connais un cul-de-jatte qui n'a jamais de cor aux pieds !

Winston Churchill n'éprouvait que de l'antipathie pour le travailliste Clement Attlee, qui lui a succédé aux fonctions de Premier ministre en 1945. On tentait de le raisonner :

– Tout de même, reconnaissez au moins qu'Attlee est modeste.

– C'est vrai, et il a d'ailleurs toutes les raisons de l'être.

Un ami commun tenta un jour de réconcilier deux hommes politiques ennemis : Briand et Caillaux. C'est Caillaux qui adressa le premier la parole à son vis-à-vis : « Je vous souhaite tout ce que vous me souhaitez. » Et Briand de jouer l'outragé : « Oh ! voyez, vous recommencez déjà ! »

Pierre Dac fit un jour une tentative de suicide en s'ouvrant les veines avec un rasoir. Francis Blanche lui proposa de venir se reposer dans sa villa de campagne. Dac accepta avec plaisir. Toutefois, avant le départ, Francis Blanche crut bon d'apporter une dernière précision : « Je vous préviens tout de même, cher Pierre, que chez moi il n'y a que des rasoirs électriques... »

Couvert de dettes, Alexandre Dumas père devait très souvent recevoir les huissiers chez lui. Un ami vint lui demander un louis pour contribuer aux frais d'obsèques d'un voisin, mort très pauvre et... huissier de son état. Quand Dumas connut le métier du défunt, il éclata de rire : « Comment donc ? Pour un huissier ! Tenez, mon cher, voilà deux louis... Enterrez-en deux ! »

Le physicien James Franck enseignait à l'université de Göttingen lorsque Robert Oppenheimer, âgé de vingt-trois ans et futur inventeur de la bombe atomique, passa son doctorat. Le jeune homme était plus que doué et James Franck, sortant de l'examen oral qu'il venait de lui faire passer, remarqua avec soulagement : « Je m'en suis sorti juste à temps. Il commençait à m'interroger moi. »

Philippe Meyer : « À Bruxelles je devais me rendre à un rendez-vous non loin de la station de métro Mérode. Je prends ce chemin de fer souterrain, je descends à la station Mérode et, à peine sorti du wagon, je constate qu'il y a plusieurs sorties, conduisant à des points apparemment assez éloignés. Ne sachant laquelle choisir, j'avise un employé du métro qui stationnait sur le quai et lui demande : "Pardon, monsieur, quelle sortie dois-je emprunter pour me rendre rue Père-de-Decken ?" Et l'employé de me répondre : "Vous êtes à pied ?" »

Jean Amadou : « Guernica, on le sait, inspira à Picasso son tableau célèbre que j'avais vu au musée d'Art moderne de New York où il attendait pour revenir dans le pays d'origine du grand peintre que l'Espagne soit à nouveau une démocratie. Picasso l'a peint en France, et on raconte que, lorsqu'il l'exposa à Paris, un membre de l'ambassade d'Allemagne resta longtemps devant et dit à Picasso : "C'est vous qui avez fait ça ?" Et Picasso lui répondit : "Ah non... c'est vous !" »

L'acteur Robert Mitchum était marié depuis trente ans déjà quand on lui demanda le secret d'une telle longévité dans la vie de couple. La réponse fut foudroyante : « Une patience mutuelle. Chacun de nous a tous les jours cru que l'autre allait mieux se comporter le lendemain. »

Un jour que l'auteur américain Wilson Mizner jouait au poker, un de ses adversaires sortit son portefeuille et le posa tel quel sur la table en disant : « Je mise tout. » Sans se démonter, Mizner rétorqua en posant une de ses chaussures sur la table : « Puisque nous jouons pour du cuir, je surenchéris. »

Au cours d'un dîner, un homme demanda discrètement à Rivarol si la femme qui était en face d'eux était l'épouse de leur voisin de table. Rivarol lui répondit : « Ils ne se sont pas adressé la parole, et donc, ou il ne la connaît pas, ou c'est sa femme. »

Coluche : « J'ai été serveur à une époque. Quand un mec me demandait un café fort, je lui servais une tasse d'eau chaude. Le mec gueulait et je lui disais : "Vous voyez, vous, que vous êtes bien assez énervé comme ça !" »

Malcolm Muggeridge, l'écrivain et journaliste britannique, confessait avoir peu de temps à consacrer à la politique et avouait même n'avoir voté qu'une seule fois de toute sa vie. « Cette fois-là, il a vraiment fallu que je vote. Il y avait un candidat qui avait été enfermé dans un asile et qui, après vérification, avait été déclaré sain d'esprit. Comment aurais-je pu résister ? Quel autre politicien au monde détient un certificat établissant qu'il est mentalement sain ? Il fallait que je le soutienne ! »

Pierre Bénichou : « Claude Brasseur m'a raconté que l'autre jour, alors qu'il jouait sur scène, il y a un téléphone portable qui a sonné dans la salle. Alors il s'est approché de l'avant-scène et il a dit : "Si c'est pour moi, dites que je travaille." »

Après une maladie assez grave pendant laquelle Sacha Guitry n'avait pu se faire soigner par son médecin habituel parti en vacances, il dit à celui-ci à son retour : « Ah ! docteur. J'ai failli vous perdre. »

L'écrivain américain Ogden Nash avait envoyé à son ami Tom Carlson un exemplaire dédicacé de son dernier livre... que le chien de Carlson avait malheureusement « dévoré ». Carlson se procura un nouvel exemplaire qu'il envoya à Nash en lui expliquant ce qui était arrivé et lui demandant une nouvelle dédicace. Le livre lui revint peu après, agrémenté des lignes suivantes : « À Tom Carlson ou à son chien, selon que ce livre conviendra le mieux au goût de l'un ou de l'autre. »

Un jour que le roi d'Angleterre Charles II se promenait sans escorte dans Londres, son frère, le duc d'York, lui fit remarquer que ce n'était pas très prudent. « Rassure-toi, répliqua le roi. Personne dans toute l'Angleterre ne souhaite me voir disparaître, car chacun sait que c'est toi qui serais alors mon successeur. »

Alfred Capus avait l'habitude de donner chaque jour une pièce d'un franc à un infirme qui demandait l'aumône près de chez lui. Un après-midi, l'écrivain fouille dans son gousset et ne trouve qu'un modeste sou qu'il tend au mendiant, lequel fait part de sa surprise :

– Oh ! Monsieur Capus !

– Que voulez-vous, mon brave, vous en ferez cadeau à un pauvre !

En prenant de l'âge, Puccini devenait de plus en plus acariâtre. Il se brouilla avec Toscanini, car celui-ci avait fait exécuter, avec succès, une œuvre qui n'était pas de lui. C'était Noël et, tous les ans, Puccini envoyait à Toscanini une friandise. Cette année, oubliant qu'ils étaient fâchés, Puccini fit apporter à Toscanini un panettone. Peu après, s'apercevant de son erreur, Puccini télégraphie à Toscanini : « Panettone envoyé par erreur, Puccini. » Et Toscanini de lui répondre : « Panettone mangé par erreur, Toscanini. »

En juillet 2001, Eddy Merckx est consultant sur le Tour de France pour la télévision belge. Dans un dialogue étonnant avec Rodriguo Beenkens, un confrère, Eddy s'engage sur un terrain glissant.

– Armstrong est sûr de gagner le Tour de France car sa femme est enceinte. En plus, elle attend des jumeaux.

– Vous êtes sûr que ça a un rapport avec la course ? demande Beenkens.

– Oui, je vous assure ! Quand je gagnais mes Tours de France, Claudine était enceinte !

– S'il suffit d'une galipette pour s'habiller de jaune, ça va nous faire deux cents femmes de coureurs enceintes au départ de Luxembourg l'année prochaine.

René Simon, âme des fameux cours d'art dramatique portant son nom, pique un jour une colère contre l'un de ses élèves qu'il jugeait médiocre acteur : « Mon pauvre ami, qu'est-ce que vous allez devenir ? Un comédien raté, au chômage ! Et alors, que ferez-vous ? » L'aspirant comédien, sans se démonter, rétorqua tout de go : « En ce cas, je n'hésiterai pas, j'ouvrirai un cours d'art dramatique ! »

Ce misanthrope de Gustav Mahler accueillit sa première fille, Maria, née par le siège d'un : « C'est bien ma fille, elle montre immédiatement au monde le côté qu'il mérite ! »

Erik Satie assistait un jour à l'exécution du poème symphonique *La Mer*, de son contemporain Debussy. Après que l'orchestre eut joué le premier mouvement intitulé : « De l'aube à midi sur la mer », Debussy, se penchant vers Satie, lui demanda ses impressions ; ce dernier, toujours spirituel, répondit : « Vers dix heures et demie, c'était vraiment très beau. »

Jean-Paul Belmondo évoque ce souvenir en riant : « Quand Jean Gabin tournait un film, il était tellement renommé pour ses colères qu'il régnait, sur le plateau, un silence de cathédrale. Un jour, pendant le tournage d'*Un singe en hiver*, alors qu'on aurait entendu une mouche voler, Gabin a eu un trou de mémoire. Il oublie totalement la réplique qu'il devait me lancer. L'air furieux, il me fait signe de quitter le plateau avec lui et dit au réalisateur, avec une parfaite mauvaise foi : "Quand vous aurez arrêté les marteaux, on reviendra." »

Le célèbre tableau *La Cène* fut un chantier de plusieurs années. Alors qu'il désespérait de trouver un modèle qui accepte de prêter pour la postérité ses traits à Judas, Léonard de Vinci rencontra un soir un clochard dans une rue malfamée, dont la physionomie lui sembla parfaite pour incarner Judas. Il l'engagea donc, le clochard posa, Léonard commença à travailler avant de s'arrêter, quelques jours plus tard, l'air intrigué et de demander à son « Judas » :

– Nous nous sommes déjà rencontrés, n'est-ce pas ?

– Oui, répondit le modèle, il y a au moins sept ans de cela. Vous m'aviez fait poser pour Jésus.

René Clair s'indignait du dédain dans lequel la critique tenait Laurel et Hardy, pour lesquels il avait la plus grande estime. Présentant un de leurs films, dans un ciné-club, en province, il le fit en ces termes : « Laurel et Hardy, ces deux comiques qui n'ont jamais fait rire personne... sauf le public. »

À propos de son père, Sacha Guitry raconte ceci : « Avant de donner une réplique, il lui arrivait parfois de rester une demi-minute sans parler – et c'était saisissant. Il jouait un jour une pièce dramatique d'un auteur célèbre, et quelqu'un le complimenta en ces termes : "Quand vous dites le texte, monsieur Guitry, vous êtes merveilleux... mais c'est dans les silences que vous êtes particulièrement admirable !" Et Lucien Guitry répondit : "C'est parce que les silences sont de moi !" »

À la fin d'un dîner mondain, la maîtresse de maison demande avec insistance à l'un de ses invités, Maurice Ravel, de se mettre au piano. À bout d'arguments, celui-ci s'exécute. Il interprète une de ses œuvres célèbres, s'interrompt quelques minutes avant la fin et laisse tomber, en quittant le piano : « Je n'ai pas aimé le dessert ! »

Le jour de la première d'une pièce d'un de ses confrères, Georges Feydeau, discrètement, filait avant la fin.

Un contrôleur le vit :

– Monsieur Feydeau, il y a encore un acte...

– C'est pour ça que je m'en vais, lui répondit Feydeau.

L'avocat irlandais John Norbury voyageait avec un autre avocat, John Parson, dans la voiture à cheval de ce dernier, lorsqu'ils croisèrent soudain un gibet auquel pendait encore un corps. Alors Norbury, saisi par la mélancolie, soupira : « Ah, Parson, si nous étions tous punis selon nos fautes, qu'adviendrait-il de nous ? » Réponse de son voisin : « Je serais seul dans ma voiture. »

Vers la fin du XVIIIe siècle, James Northcote était déjà un peintre très célèbre lorsque le duc de Clarence (qui allait devenir roi d'Angleterre) lui demanda s'il connaissait le prince-régent. Northcote dit que non. Le duc parut surpris :

– C'est étrange, mon frère dit qu'il vous connaît.

– Il se vante, tout simplement.

Le compositeur Offenbach renvoya un jour son valet mais en lui donnant de si bonnes références qu'un ami lui demanda avec étonnement pourquoi il l'avait laissé partir.

« Oh, c'est un brave homme, répondit Offenbach. Mais il ne convient pas à un compositeur. Il époussette mes vêtements tous les matins devant ma porte, mais avec un tempo inexistant. »

Malgré une filmographie impressionnante et un grand nombre de fans, Paul Newman n'avait toujours pas été récompensé par l'Oscar jusqu'à ce que, à la fin des années 1980, on lui accorde un prix spécial pour « l'ensemble de son œuvre », distinction qu'on accorde plus généralement à des acteurs beaucoup plus âgés et souvent retirés des plateaux de tournage. En remerciant l'Académie, Newman déclara : « Je vous remercie beaucoup de m'avoir accordé cet Oscar sans l'avoir au préalable enveloppé dans un certificat de concession pour le cimetière de Forest Lawn. »

Une jeune femme demandait à Robert Peary, l'explorateur polaire :

– Mais comment sait-on exactement qu'on a atteint le pôle Nord ?

– Rien de plus facile, répliqua Peary, un pas après avoir passé le pôle, le vent du Nord devient un vent du Sud.

L'homme d'État et écrivain Massimo D'Azeglio avait épousé en secondes noces Luisa Blondel, mais ce mariage avait périclité et ils s'étaient vite séparés très fâchés l'un envers l'autre. Apprenant quelques années plus tard qu'il était mourant, Luisa Blondel se précipita toutefois à son chevet. Le marquis D'Azeglio l'accueillit en soupirant : « Ah, Luisa, décidément, tu arrives toujours au moment où je pars. »

Henri Rochefort fut provoqué en duel par un écrivain assez peu lettré. En conséquence, il fit connaître ses conditions : « Je le veux bien, mais nous nous battrons à l'orthographe. »

Dans un salon, après un dîner copieux, Rivarol s'était assoupi. Près de lui, un homme dit un peu trop fort aux invités : « Laissons-le dormir, ne parlons plus. » Rivarol ouvrit alors un œil et lança : « Surtout pas ! Si vous ne parlez plus, je ne dormirai pas ! »

À la question : « Êtes-vous snob ? », que lui posait un journaliste, Jean Dutourd répondit ceci : « Mon père était dentiste. Mon grand-père, instituteur et mon arrière-grand-père, paysan. Impossible dans ces conditions de ne pas être snob. »

Fernandel allait souvent au cinéma voir ses propres films. Un jour où il était en compagnie de son ami Jean Nohain, il lui confia : « Il n'y a que moi pour me faire rire comme ça. »

Sacha Guitry : « Le bruit s'est répandu que j'avais été opéré, et d'autre part, la promotion de l'Instruction publique vient de paraître, et me voilà officier de la Légion d'honneur – ce qui fait que, journellement, je reçois douze ou quinze dépêches qui semblent contradictoires. En effet, les unes me disent : "Suis enchanté de la bonne nouvelle" tandis que d'autres me déclarent : "Suis désolé de ce que je viens d'apprendre". Et je ne sais jamais si l'on me parle de ma rosette ou de mon opération. »

Jacques Chazot raconte que la courtisane Liane de Pougy avait un jour reçu un coup de pistolet aux fesses, tiré par un amant qui cumulait les défauts : colérique, trompé, jaloux et militaire. La pauvre était allée consulter un médecin : « Docteur, est-ce que cela se verra ? » Et le praticien de répondre : « Madame, cela dépend entièrement de vous. »

Le comte de Bonicelli, un riche Italien du début du siècle précédent, eut une prise de bec avec un cocher de fiacre romain qu'il finit par gifler. L'affaire ne s'arrêta pas là car le cocher porta plainte. Au tribunal, Bonicelli fut condamné à cinquante lires d'amende. Il tira donc de son portefeuille un billet de cent lires qu'il tendit d'une main au cocher réjoui et, de l'autre, lui prodigua un deuxième soufflet avec cette justification : « Gardez tout, vous êtes payé ! »

Georges Feydeau dialoguait avec un directeur de salle qui avait soudainement fait fortune :

– Tu vas pouvoir soigner ta toilette !

– Mais... je prends un bain tous les matins !

– Dans ce cas, maintenant, tu vas pouvoir changer l'eau.

Voici le texte d'une petite pancarte qu'Alphonse Allais accrochait à la porte de son appartement quand il voulait rester seul chez lui : « M. Alphonse Allais étant rentré ce matin à la première heure du jour en état d'ébriété manifeste s'excuse auprès des visiteurs éventuels de ne pouvoir accueillir décemment personne avant l'heure sainte de l'apéritif, catégorique et crépusculaire. »

Un soir d'ivresse, un ami de Francis Blanche lui confie sous le sceau du secret avoir un jour, pris d'une envie urgente, déféqué sur son balcon, ses toilettes étant occupées. Le comique promet de n'en dire rien à personne. Invité à une soirée chez ce même ami quelques semaines plus tard, Francis Blanche ne fait aucune allusion à la récente confession. Ce qui rassure mais étonne l'ami, habitué aux frasques de l'acteur. La fête terminée, les invités partis, quelle ne fut pas la surprise de celui-ci de trouver un petit écriteau réglementaire déposé sur la porte du balcon au début de la soirée : « Prière de laisser ces lieux dans l'état où vous souhaitez les trouver en entrant. »

– Vous êtes pour l'égalité des sexes ? demandait-on à Thierry Le Luron, lors d'une émission de radio.
– Oui. Et je prendrai moi-même les mesures.

Raymond Devos : « Un spectateur m'a fait remarquer à l'entracte que je n'avais pas encore employé le mot "cul". "Vous n'êtes pas contre ?" Je lui ai répondu simplement : "Je n'ai pas su où le placer." »

Forain se trouvait, lors d'un repas mondain, placé à côté d'une dame qui avait notoirement très mauvaise haleine. La dame, qui connaissait l'esprit acerbe du dessinateur, n'osait ouvrir la bouche. Et lui la guettait. Après les plats de résistance et la salade, on apporta un plateau de fromage odorant que l'on place entre eux deux. Il se retourna alors vers sa voisine : « Vous dites ? »

Fatigué et âgé, Yves Mirande confie à un ami lors d'un enterrement : « Je crois, mon cher, que c'est la dernière fois que je viens ici en amateur. »

Pierre Richard : « Un jour, j'ai joué un rôle de motard, dans *La Raison du plus fou*, avec Ventura. En attendant le tournage, je m'étais mis au péage de l'autoroute... en costume... eh bien, c'est quelque chose, croyez-moi ! Je n'avais besoin de rien faire... je ne bougeais pas !... enfin... j'ai bien fini par lancer un petit regard sur les phares... histoire de faire monter un peu la température dans les voitures... et croyez-moi, ça montait... sauf les conducteurs qui, eux, avaient plutôt tendance à glisser sous le volant. Du coup, forcément, je me suis pris au jeu... Le lendemain, tant que j'y étais, je m'attardais un peu sur les pneus... là, c'était la panique ! Ça s'engueulait ferme, à l'intérieur ! "Je t'avais bien dit de changer les pneus !" Le surlendemain, je faisais carrément le tour du véhicule, et je suis sûr que si on avait tourné une semaine, je finissais par les emmener au poste. C'est grisant, cette saleté de sentiment de puissance !... Le costume est sournois, soyons vigilants... »

Frédéric le Grand, roi de Prusse et grand batailleur, posa un jour cette question ironique à l'un de ses médecins : « Répondez-moi franchement, combien avez-vous tué de gens dans l'exercice de votre art ? » Réponse du berger à la bergère : « Trois cent mille de moins que Votre Majesté. »

Le dramaturge autrichien Hermann Bahr reçut un jour d'un jeune poète une tragédie historique accompagnée d'une requête écrite : « Si vous y trouvez quelques fautes, je vous demande de me dire la vérité. Les critiques venues d'une source aussi judicieuse que la vôtre m'anobliraient. » Bahr retourna le manuscrit avec ce court commentaire : « J'aimerais faire de vous au moins un archiduc. »

Devant l'insuccès du théâtre ouvert à son nom, rue du Rocher, à Paris, Tristan Bernard réagissait avec une merveilleuse élégance : « On frappe les trois coups, un par spectateur. »

Groucho Marx, assis près d'une femme au physique de cantatrice lors d'un dîner, complimente celle-ci :

– Vous savez, ma chère, que vous devenez chaque jour plus jolie !

– Vous exagérez, monsieur Marx !

– Vous avez raison, lui dit-il. Mais admettez que vous ne pouvez guère devenir plus laide.

Claude Chabrol : « Il y a un rite quand je tourne. Je fais le gueuleton traditionnel de fin de tournage non pas à la fin mais au milieu du tournage. Et à la fin, je monte sur ma chaise et je chante, faux bien entendu, le grand air de Nilakantha, extrait de *Lakmé* de Léo Delibes, et tout le monde a le droit et le devoir même de m'envoyer à la gueule tous les projectiles qui leur tombe sous la main : feuilles de salades, biscuit sec, sucre en poudre, etc. Ils se défoulent et en général cela est bénéfique à l'ambiance de la seconde moitié du tournage. »

Le général anglais Montgomery sautait un jour dans un taxi londonien en lançant simplement au chauffeur :

– Waterloo, s'il vous plaît.

– La gare ?

– Certainement, il est un peu trop tard pour la bataille.

Jean Yanne raconte : « Une des plus belles histoires vraies que je connaisse se passe en partie dans un wagon-restaurant. Je l'ai lue un jour dans le journal. La scène se passe en 1975, un type veut se suicider. Il monte dans un train, le train démarre, le type attend qu'un autre train se profile à l'horizon, il ouvre la porte et il se jette au moment où l'autre train passe en sens inverse. Mais au lieu de passer sous les roues du train, il y a un appel d'air et le type ne touche pas terre, il est ballotté d'un train à l'autre, comme une balle de flipper. Finalement, sa jambe touche terre, elle passe sous les roues du train, elle est sectionnée, du fait de l'appel d'air, elle remonte et repart, elle est elle aussi ballottée d'un train à l'autre, jusqu'à ce qu'avec la vitesse, elle casse l'une des vitres du train d'en face, et là il y a un mec qui est au wagon-restaurant, il bouffe peinard, il prend la godasse en pleine gueule. Et il est mort. Et l'autre est debout sur une patte, plus loin sur les rails. Des gens ont tiré la sonnette d'alarme, on est allé chercher le suicidé, qui aujourd'hui a une jambe de bois mais il est bien vivant. Quant au mec qui était au wagon-restaurant, lui il est mort d'un coup de pompe dans le train. »

Eva Perón, avant d'épouser le président argentin Juan Perón, avait été une actrice belle et peu scrupuleuse. Elle avait su manœuvrer avec ses nombreux amants pour arriver au sommet. Un jour, au cours d'une tournée diplomatique en Europe en compagnie d'un amiral en retraite, elle arriva à Milan. Dans la rue, la foule se moquait d'elle. « Ils m'ont traitée de putain ! Vous vous rendez compte ? De putain ! » Le vieil homme, flegmatique, répondit : « Vous savez, moi je ne suis pas allé en mer depuis quinze ans et on m'appelle bien toujours amiral. »

Picasso recevait un visiteur dans son atelier et lui montrait un tableau, encore en travail, sur lequel l'homme s'extasiait :
– C'est un chef-d'œuvre !
– Non, le nez ne va pas, répondit l'artiste.
– Alors pourquoi ne le retouchez-vous pas ?
– Impossible, je ne le trouve pas.

Mozart fut un jour approché par un tout jeune homme qui souhaitait lui demander des conseils sur la composition d'une symphonie. Mozart lui répondit qu'il le trouvait un peu jeune pour cela et lui conseilla plutôt de commencer par composer des ballades. Le jeune aspirant musicien parut surpris :

– Mais, Maître, vous avez vous-même écrit des symphonies à l'âge de dix ans...

– Oui, mais moi, je n'ai pas eu à demander comment il fallait faire.

Raccompagnant à sa résidence de vacances son voisin et ami, l'académicien Armand Lanoux, Francis Blanche croisa une jeune créature la jambe dans le plâtre qui marchait avec des béquilles sur le bord de la route. Il s'arrêta et lui déclara : « Mon ami retourne à Saint-Jean-Cap-Ferrat, moi je vais à Èze. Et vous, vous rentrez sur cannes ? »

L'acteur Gregory Peck entra un jour, accompagné d'un ami, dans un restaurant bondé où on lui annonça qu'il ne restait aucune table libre.

– Dis-leur qui tu es, murmura son ami.

– Quand on est obligé de dire qui on est, c'est qu'on est personne.

Jean Rochefort : « Tournage de *L'Homme du train*, notre hôtel est dans la banlieue d'Annonay, autant dire le bout du monde, surtout pour Johnny. Il est vingt et une heures. Nous dînons avec son photographe et son préparateur physique dans une salle à manger faussement luxueuse, suréclairée avec des néons partout. Un séminaire de trente garçons avec attaché-case, ventre encore plat, cravate, entre dans la salle à manger. Ils s'installent. Les chaises grincent. On rigole, quand l'un d'eux pose son regard sur nous et voit... Johnny.

Silence complet, chuchotements, les types passent leur temps à se planter leur fourchette dans la joue parce qu'ils le fixent. Pour eux, c'est un grand événement. Johnny reste lui-même et, au cours de la discussion, il me dit : "Dis donc, Jean, ma femme descend vendredi prochain. Elle m'a fait un potage au potiron. Tu veux qu'elle t'en descende une Thermos ?" Les trente types ont été détruits par cet aveu ! Les fourchettes sont retombées. C'était foutu. Johnny serait comme nous ? »

Samuel Morse, l'inventeur du code portant son nom, était aussi un peintre reconnu, quoique peut-être à tort. Un jour qu'il montrait à un ami le portrait qu'il avait fait d'un homme mourant, il lui demanda ce qu'il en pensait. L'ami, qui se trouvait être médecin, regarda attentivement la toile avant de répondre : « Malaria. »

L'explorateur écossais Mungo Park avançait péniblement et dangereusement dans une région inconnue d'Afrique lorsqu'il eut la surprise de voir un gibet. Plus tard, il remarquera : « La vue de cette potence m'a procuré un plaisir exquis, parce qu'elle prouvait bien que j'approchais d'une société civilisée. »

Un dialogue entre Galtier-Boissière et Yves Mirande où ce dernier évoquait une de ses règles de conduite :
– Moi, les femmes d'amis, c'est sacré ! Je n'ai jamais couché avec la femme d'un ami !
– Alors, entre nous, tu n'as pas dû avoir beaucoup de femmes ?
– Non, j'ai eu très peu d'amis.

Raymond Devos raconte : « À cinquante-cinq ans, je me suis dit : "Tiens, je vais apprendre la harpe !" J'ai trouvé un professeur de harpe, une dame très bien, d'un certain âge. Après mon premier cours je n'ai pas pu résister, je lui ai demandé :

– Vous ne trouvez pas cela gênant d'apprendre la harpe à un homme de mon âge ?

– Oh, pas du tout, pourquoi ? J'ai des élèves qui sont plus âgés que vous, surtout des dames.

Que ça m'a fait plaisir ! Je lui ai demandé : "Et ces dames, elles sont arrivées à un résultat ?" Elle m'a répondu : "Oh non, jamais !" »

Tristan Bernard discutait un jour avec un ami d'une actrice dont les scandales amoureux avaient bien des années auparavant défrayé la chronique. L'ami en vint à une indiscrétion :

– Maintenant qu'elle est vieille, elle s'adonne au spiritisme.

– Elle fait parler sa table ? Elle ferait mieux de faire parler son lit, ce serait bien plus amusant.

À soixante ans passés, un admirateur rencontre Alexandre Dumas et se répand en éloges :

– Vous, cher maître ? Ah ! Quel bonheur de vous voir ! Eh ! vous avez une mine superbe ! Vrai, vous rajeunissez !

– J'y ai mis le temps !

Sim se souvient d'un fan casse-pieds et tenace : « Il me dit :

– Si vous passez par Bordeaux, venez loger à la maison. Ma famille vous adore.

– Non, merci, réponds-je, je fais toujours des rapides allers et retours en voiture pour mes galas.

– Ah bon ? Mes beaux-parents ont une maison à Arcachon. Si vous voulez y passer des vacances...

– Non, merci, cet été, je vais suivre le Tour de France en voiture.

– Ah bon ? Alors, si vous avez un accident de voiture dans la région, ma femme est infirmière en chef dans un hôpital de Bordeaux. Elle se fera un plaisir de vous y recevoir... »

Gagnant la ville d'Amiens après une chevauchée longue et fastidieuse, Henri IV se voit accueilli par le premier magistrat de la ville qui se lance dans un discours emphatique :

— Très grand, très bon, très valeureux, très clément, très magnifique souverain...

— Ajoutez ceci : très fatigué. Je vais me coucher et j'écouterai le reste une autre fois.

Francis Blanche soigna jusqu'à ses dernières paroles. Victime d'un coma diabétique, il reprit conscience une dernière fois une demi-heure avant son décès. L'interne de service lui demanda alors : « Comment vous sentez-vous ? » Mourant, Francis Blanche trouva la force de murmurer : « Comment je me sens ? Mais avec mon nez ! »

Sim : « À la terrasse d'un bistrot, je dis au patron : "J'ai envie de prendre quelque chose de bien frais." Il me répond : "Dans ce cas, ne prenez pas ma femme !" »

Les notes de frais d'Antoine Blondin pour le journal *L'Équipe* sont restées fameuses. Elles ne mentionnaient toutes qu'une seule et unique dépense : des verres de contact, tous, évidemment à régler à divers débits de boissons.

Jean Amadou : « Dans *Le Figaro* cette semaine : "Bar-le-Duc. Églises incendiées. Un mineur de seize ans a avoué avoir mis le feu aux autels de trois églises de Bar-le-Duc (Meuse) aux mois de novembre et de décembre 1997. Cet adolescent a reconnu aimer beaucoup le feu. Il a été placé dans un foyer." C'est le moins qu'on pouvait faire pour le rendre heureux. »

Un animateur de radio fait réagir Jean Yanne, invité pour la promotion d'un de ses livres, sur l'actualité du jour :

– Vous connaissez John Babitt, l'Américain dont la femme a tranché le sexe avec des ciseaux ?

– J'aurais préféré avec un sécateur, pour ma part, réponds Jean Yanne.

– Pourquoi cela ?

– Parce qu'avec des ciseaux, c'est long, faut faire le tour !

On chatouillait beaucoup Alexandre Dumas au sujet de ses « nègres ». Un jour qu'on lui demandait ironiquement si son dernier roman était de lui, l'auteur répliqua : « Hélas oui. J'employais mon valet de chambre à cette besogne, mais le drôle, étourdi par ses succès, m'a demandé de tels gages que je me suis vu forcé de travailler pour lui. »

Le dramaturge Laharpe, un auteur du XVIIIe siècle, menaçait un de ses ennemis d'en faire un personnage d'une pièce :

– Oui, monsieur, je vous jouerai en plein théâtre.

– Ah ! monsieur, la vengeance est bien cruelle : quoi ! vous me feriez siffler ?

Fernandel et Sacha Guitry répétaient une pièce de ce dernier, *Tu m'as sauvé la vie*. Leur amitié s'était accrue au fil des semaines de répétition. Guitry questionnait Fernandel sur sa vie privée :

– Dites-moi, vous êtes marié ?

– Oui, maître, depuis vingt-trois ans.

– Je vous bats, mon cher ! Moi, ça fait quarante-trois. Bien sûr, il m'a fallu quatre femmes pour ça !

Francis Blanche avait coutume d'enchaîner très rapidement ses activités de la journée. Écriture, radio, cabaret, théâtre, plateau de cinéma, il passait de l'un à l'autre à un rythme d'enfer. Convié un jour à animer en banlieue un gala de charité devant débuter très peu de temps après la fin de son spectacle de cabaret, il se précipite, en compagnie de l'équipe des Branquignols, encore maquillés, perruqués et costumés, dans quelques voitures qui les attendent. Très vite le petit convoi est pris dans les embouteillages. Voyant le temps passer, Francis Blanche, déguisé, par un bien opportun hasard, en gardien de la paix, jaillit de son véhicule et entreprend, avec un aplomb des plus professionnels, de dégager la voie afin de faire place à la petite caravane. Le quartier encore plus paralysé qu'avant mais la voie libre pour lui et ses amis, il salue les automobilistes dociles à coup de képi avant de sauter dans sa voiture et de se remettre en route pour le gala.

Arpentant avec Marcel Pagnol les rues chaudes de Marseille, un habitant de la deuxième ville de France lui dit :

– Tu vois, cette prostituée, je l'ai toujours vue là, à cet endroit. Je crois même que c'est elle qui a inventé la vérole.

– Qu'est-ce qu'elle a dû toucher comme droits d'auteur !

Fernand Raynaud se fait arrêter par la maréchaussée pour excès de vitesse. On lui demande ses papiers. Sous son nom, profession : « comique ». Le flic le regarde : « Prouvez-le. »

Charlie Chaplin demande un jour à Groucho Marx :

– Tu te souviens de la première fois où tu as fait l'amour ?

– Oui, lui répond Groucho Marx, j'ai encore le reçu.

L'animateur de radio José Artur ayant besoin un jour de joindre Francis Blanche téléphona chez lui. Une femme décrocha à qui il demanda s'il pouvait parler au comédien.

– Il n'est pas là, répondit-elle.

– Puis-je le joindre plus tard dans la soirée ?

– Ça m'étonnerait. Ça fait plus de huit ans qu'il n'est pas rentré le soir !

Réponses de Jean Rochefort à un entretien télévisé :

– Pour pleurer dans une scène, à quoi pensez-vous ?

– À ma vie sexuelle.

– Et pour rire ?

– À ma vie sexuelle.

Claude Chabrol : « À vingt-quatre ans, j'ai soudain l'impression que tout ce qu'on m'avait fait avaler concernant la religion catholique était une terrible connerie. On m'avait menti sur le bien, sur le mal, sur la culpabilité, etc. J'ai donc décidé de me déchristianiser. Et je me suis mis à faire de fausses confessions pour me défouler. Je rentrais dans les églises, j'allais au confessionnal et je racontais au prêtre les pires horreurs qui me passaient par la tête. Je disais que j'avais couché avec une femme mariée, je rentrais dans les détails, je déballais toutes les énormités possibles puis je m'en allais dans un ricanement méphistophélique. Ça a duré quatre ans. »

Jeanne Lanvin, la fondatrice de la maison de couture, parlait un jour avec une milliardaire américaine qui jugeait avec mépris le comportement des élégantes Françaises :

— À Paris, vous suivez la mode comme un chien suit ses maîtres !

— Et à New York, vous la suivez comme un aveugle suit son chien.

Sim se souvient : « Au cours d'un souper après nos spectacles, Jacques Martin, Jacques Brel et moi-même faisions un tour d'horizon sur les aléas de notre métier. Martin et moi n'avions pas arrêté de nous plaindre des difficultés financières que nous rencontrions. Seul, Brel nous disait être parfaitement heureux de son sort. Lorsque nous nous sommes séparés, Jacques Martin est monté dans sa Porsche, moi dans ma Jaguar et Jacques Brel dans sa... 2 CV. »

Sacha Guitry : « Nous avions un parent pour lequel mon père avait peu d'amitié. Le pauvre homme mourut un jour – et nous l'avons accompagné jusqu'à sa dernière demeure qui était extrêmement éloignée de la précédente. Il avait fallu se lever de grand matin, il faisait extrêmement chaud et nous marchions depuis bientôt une heure, lorsque mon père se tourna et me dit, à voix basse, d'une inexprimable manière : "Je commence à le regretter !" »

Un écrivain de troisième ordre présentait un jour sa nouvelle œuvre à Alfred Capus.
– Cher ami, voici mon dernier livre.
– Le dernier ? Parfait ! Parfait !

Libéré par le Régent qui l'avait fait embastiller auparavant, Voltaire reçoit de son tourmenteur et bienfaiteur des conseils mêlés de réprimandes :
– Soyez sage et j'aurai soin de vous.

– Je vous suis infiniment obligé, mais je supplie Votre Altesse de ne plus se charger de mon logement ni de ma nourriture.

Un sénateur nommé Chesnelong prononçait un discours interminable, au point que même ceux de son parti en vinrent à lui lancer :
– Reposez-vous ! Reposez-vous !
– Non, non, je vous remercie, je ne suis pas fatigué !
– Alors reposez-nous ! lança Clemenceau de son siège.

Francis Blanche collectionnait les plaques de noms de rue, afin de décorer les murs de sa maison. Constatant un jour que les W-C étaient dépourvus de ce type d'ornements, il décide de se procurer la plaque la plus adéquate aux lieux, celle de la place Blanche. Vêtu en ouvrier, il se rend donc en compagnie de Pierre Arnaud, avec une voiture à bras et une échelle, sur la place en question en plein après-midi. Au moment où ces faux employés municipaux commencent à dévisser la plaque, arrive un agent de police. Ceux-ci sont pris d'une frayeur bien compréhensible, qui se transforme en éclat de rire intérieur lorsque le brave fonctionnaire leur propose de les aider. La mission accomplie, ce dernier, empreint d'une remarquable conscience professionnelle, fait remarquer aux deux acolytes étourdis qu'ils oublient les autres plaques, les obligeant à faire le travail jusqu'au bout et à subtiliser les sept plaques de la place.

Casanova et le maréchal de Richelieu assistaient à un spectacle de l'opéra. Deux actrices arrivent alors sur scène lorsque le maréchal questionna Casanova :

– Laquelle des deux trouvez-vous la plus belle ?

– Celle de droite, monsieur.

– Mais elle a de vilaines jambes.

– On ne les voit pas, monsieur ; et puis, dans l'examen de la beauté d'une femme, la première chose que j'écarte, ce sont ses jambes.

Le dessinateur Forain s'opposait assez farouchement à Robert de Montesquiou, qu'il baptisait « Grotesquiou ». Dans un dîner mondain, Montesquiou racontait sa première ascension en ballon : « Curieuse impression, je ne sentais absolument rien. Je voyais seulement la terre qui me fuyait... » Commentaire marmonné de Forain : « Je comprends ça. »

Au moment du salut final d'une pièce sans finesse, une spectatrice, assise à côté de Marcel

Achard, applaudissait bêtement à tout rompre. L'auteur dramatique, qui ne partageait pas l'enthousiasme de la dame, lui lança : « Alors, comme ça, on se réchauffe ? »

Antoine Blondin disparaît le 10 juin 1991. La cérémonie religieuse a lieu quelques jours plus tard à Saint-Germain-des-Prés. *France-Soir* titre le lendemain : « Même l'église était bourrée ».

Barbara Hutton, une milliardaire américaine, se plaignait de graves insomnies. Son médecin lui prodigua ce conseil : « Le mieux est encore d'avoir recours au vieux truc des moutons : vous savez, avant de s'endormir, on les compte... » La milliardaire fit grise mine en entendant cette prescription. Le docteur s'empressa de préciser : « Naturellement, en ce qui vous concerne, vous pouvez fort bien compter des visons. »

Entretien avec Claude Chabrol :

– Il y a un critique qui s'appelle Dufreigne à *L'Express* et un des personnages de votre film, un actionnaire de la fabrique de chocolat, s'appelle également Dufreigne...

– Oui. Et Isabelle Huppert le traite de vieux con.

– Et vous dites maintenant que dans chacun de vos films il y aura toujours un Dufreigne, que là vous avez été relativement sympa mais que ce sera de pire en pire pour lui.

– Oui, exactement, ça m'amuse beaucoup... Dans mon prochain film, un Dufreigne meurt dans d'atroces souffrances.

– Et quelle est la raison ? On dit que c'est parce qu'il a écrit dans un de ses papiers que vous préfériez manger plutôt que tourner...

– Ah non, ça, c'est pas grave. Mais dans cet article, justement, il m'a mis en scène à table et il m'a fait manger des œufs à la neige après une andouillette. Et ça, c'est une hérésie. Je ne lui pardonnerai jamais…

Dans les années 1970, une journaliste radiophonique pugnace, Anne Gaillard, combat pour les droits des consommateurs et se rend célèbre pour son dynamisme, voire son agressivité à l'encontre des organismes qu'elle juge malhonnêtes. Au cours d'une émission où le ton monte, elle tient à préciser qu'elle est une femme comme les autres : « Si vous voulez savoir, je suis même mariée. » Gérard Klein, qui participait au débat, lance alors : « Contre qui ? »

Francis Blanche arrive un jour devant deux pompistes, leur demandant de bien vouloir l'aider à pousser jusqu'à la pompe sa voiture victime d'une panne sèche à quelques mètres de là. Ceux-ci obtempèrent et la « grosse américaine » arrivée à destination, un des employés prononce la formule rituelle :

– Du super ?

– Mais non, voyons, de l'eau ! leur réplique Francis Blanche, indigné.

Ceux-ci croient d'abord à une plaisanterie, mais devant l'indignation vite transformée en fureur de leur interlocuteur se plient au désir de celui-ci et commencent à verser une dizaine de litres d'eau dans le réservoir.

Francis Blanche les interrompt un instant dans leur tâche incongrue et jette plusieurs cachets d'aspirine dans le réservoir « pour que le carburant soit plus efficace » avant de les laisser continuer.

Le « plein » terminé, l'acteur les remercie, leur donne chacun une pièce, monte au volant de sa voiture et démarre sans difficulté aucune sous les yeux éberlués du personnel de la station-service. Plaisir de la mystification, il avait fait monter un faux réservoir dans sa voiture !

Le comédien Jules Berry avait la passion dévorante du jeu, que ce soit aux cartes, aux courses, dans les casinos... Un de ses amis, Walter Kapps, le vit un jour arriver la mine déconfite et s'inquiéta :

– Qu'est-ce qui ne va pas ?
– Je viens de perdre un ami.
– À quel jeu ?

Jean Gabin disait, à la fin de sa vie : « Je me suis rendu compte que j'avais pris de l'âge le jour où je me suis aperçu que je passais plus de temps à bavarder avec les pharmaciens qu'avec les garçons de café. »

Barbey d'Aurevilly était dans un salon où se produisait une chanteuse moins avantagée en cordes vocales qu'en poitrine (au demeurant fort décolletée). Quelqu'un voulut connaître son avis :

– Comment la trouvez-vous ?

– C'est une cantatrice pour sculpteur.

Le prince de Conti avait une apparence physique ingrate et une femme pleine d'esprit. Au moment de partir pour quelque temps, il fit, en plaisantant, cette remarque à son épouse :

– Madame, je vous recommande surtout de ne pas me tromper pendant mon absence.

– Monsieur, vous pouvez partir tranquille, je n'ai envie de vous tromper que lorsque je vous vois.

L'écrivain américain Dorothy Parker occupa pendant quelques mois un tout petit bureau situé dans le Metropolitan Opera de New York. Comme personne ne venait jamais l'y voir, elle s'y ennuyait beaucoup. Mais lorsque l'employé chargé de peindre son nom sur la porte se présenta elle eut l'idée géniale d'exiger de lui qu'il inscrive : « Toilettes pour hommes ».

Le 26 août 1944, peu après le débarquement allié, le général Patton passait la Seine à Melun et s'approchait de Paris. Il envoya au commandant en chef Ike Eisenhower un rapport formel complété d'une note succincte qui disait : « Cher Ike, aujourd'hui j'ai pissé dans la Seine. »

Harold Macmillan, l'homme d'État britannique, alors qu'il discourait aux Nations unies en 1960, fut interrompu par Nikita Khrouchtchev qui, pour marquer sa désapprobation, n'hésita pas à se saisir d'une de ses chaussures et en frapper la table. Macmillan, surpris par la manière, se tut quelques instants puis se pencha vers le micro : « Serait-il possible que j'obtienne une traduction ? »

En 1966, le tournage du film *La Bible*, par John Huston, accumule les problèmes. On demande au réalisateur où il en est de son projet. Réponse plaintive : « Je ne sais pas comment Dieu s'en est sorti avec ce truc, mais pour moi, c'est terrible ! »

Le chef d'orchestre britannique Malcolm Sargent, à qui on demandait à quoi il attribuait sa longévité, trouva la réponse adéquate : « Eh bien, je suppose que je la dois au fait de ne pas encore être mort. »

Alphonse Allais, son frère et leur sœur, en promenade sur le port d'Honfleur, s'étaient moqués d'un vieux colonel en retraite. Mise au courant de cette impolitesse, leur mère les envoya présenter leurs excuses. Le lendemain, les trois enfants, endimanchés, sonnaient à la porte du colonel. Celui-ci s'attendrit et leur fit servir une délicieuse collation :

– Tout s'est bien passé ?

– Oui, répond le jeune Alphonse. Et la prochaine fois que nous le verrons, nous lui jetterons des pierres. Comme ça, il nous invitera à déjeuner. Et c'est bon, chez lui !

Raymond Devos raconte : « J'ai visité la maison natale de Rimbaud à Charleville avec un agent immobilier. J'en ai profité pour lui demander :

– Vous n'auriez pas une maison natale à vendre ?

« – Pourquoi, vous n'avez pas de maison natale ?

– Si, mais je ne m'y suis jamais plu. Dès le premier jour, ça n'allait pas. »

Ludwig von Mises, l'économiste autrichien, alors qu'il avait quatre-vingt-huit ans et une santé précaire, recevait un matin un ami chez lui.

– Comment vous sentez-vous depuis votre réveil ?

– Très surpris !

La très belle danseuse Isadora Duncan, enthousiasmée par l'homme de théâtre George Bernard Shaw, lui réclama par lettre un enfant en invoquant des raisons génétiques : « Imaginez, si nous avions un enfant ensemble, et qu'il ait mon corps et votre intelligence ! » La réponse de Shaw : « Soit, mais pensez à ce que serait le contraire, madame. »

Raymond Devos raconte : « Les chauffeurs de taxi sont redoutables. J'en ai connu un qui, en passant devant les Invalides, s'est exclamé : "On dit que Napoléon a ruiné la France avec ses conquêtes, mais depuis qu'il est enterré ici, il rembourse, il rapporte cinquante francs par visiteur. Mettez-y un de ceux qui nous gouvernent, il ne fera pas un rond !" »

Jean Yanne raconte un souvenir de jeunesse : « Ça se passait au cours d'une représentation d'opérette où on voyait sur la scène une cantatrice de cent vingt kilos au bas mot. La dame était enlacée par un militaire à képi et moustache. Et il chantait : "Petit être fragile/Je te protégerai..." Alors un type dans la salle a crié : "Y faudra t'y mettre à plusieurs !" »

Une confession du chanteur et humoriste Carlos : « C'était il y a vingt ans, j'étais à New York avec un copain en vacances et on était descendus à l'hôtel Pierre. On avait nos chambres au vingt-neuvième étage. Une fois, on était rentrés à cinq heures du matin après avoir fait la java toute la nuit. J'étais tellement fatigué que je me suis écroulé à poil sur mon lit et que je me suis endormi tout de suite. Mon copain qui était dans la chambre voisine m'a entendu ronfler. Il est venu dans ma chambre et en voyant qu'il y avait des roulettes sous les pieds de mon lit, il a eu une idée. Il a poussé doucement mon lit hors de ma chambre jusqu'à l'ascenseur. Il m'y a fait entrer et cet idiot a appuyé sur le bouton. Et je suis descendu jusqu'au rez-de-chaussée, toujours endormi. Il ne s'est rien passé pendant un quart d'heure. Et puis deux vieilles Américaines qui rentraient de java aussi ont voulu prendre l'ascenseur et ont vu les portes s'ouvrir sur un lit et un jeune homme nu, même pas recouvert d'un drap ! Elles ont pénétré dans l'ascenseur et ont appuyé sur le bouton. Je me suis réveillé avec l'impression que ma chambre montait et qu'il y avait deux dames que je ne connaissais pas qui y étaient entrées. De toute ma vie, je n'ai jamais eu un réveil aussi effrayant ! Mais elles ont été sympas. Elles m'ont déposé en passant à mon étage. »

Le directeur d'un grand journal pressait Clemenceau d'accorder la Légion d'honneur à un de ses amis. Le Tigre ne répondait rien.

– Il est très malade, monsieur le président ! Ce serait sa dernière satisfaction.

– Croyez-vous ?

– Il est malade et ne sort plus de chez lui.

– Il ne sort plus ? En ce cas, c'est simple, qu'il la porte dans son appartement !

Jean Amadou : « En 1923, un certain Mathieu, élève de l'École normale supérieure, créa le Congrès ouvrier national dont le sigle attirait les regards. Ses affiches proclamaient : "Votez utile, votez pour le CON." C'est, à ma connaissance, le seul homme politique qui ait commencé sa carrière par un aveu d'une telle sincérité. »

Philippe Meyer : « La Jane Fighting Ships a annoncé l'élévation au rang et appellation de contre-amiral d'un certain nombre d'officiers supérieurs des marines argentine, chilienne, bolivienne et péruvienne. Le problème, si vous jetez un œil à votre mappemonde, c'est que la Bolivie, qui a nommé deux contre-amiraux, est un pays totalement dépourvu d'accès à la mer. Mais l'homme politique se doit de tout prévoir. »

Sacha Guitry était un jour accompagné d'une conquête toute récente et beaucoup plus jeune que lui. En sortant d'un restaurant, ils croisèrent un homme de l'âge de Guitry, mais beaucoup plus atteint par l'âge que lui, qui se précipita vers l'acteur et lui dit : « Sacha ! Tu ne te souviens pas de moi ? Nous étions à l'école ensemble ! »

Ne voulant pas effrayer sa conquête, Sacha attira l'homme un peu à l'écart pour avoir une discussion privée avec lui. Lorsqu'il revint vers la jeune fille, celle-ci, l'air surpris, lui demanda :

– Tu étais à l'école avec ce vieil homme ?

– Oui, lui répondit Sacha Guitry. C'était un de mes professeurs !

Le goût de l'effet est venu très jeune à Francis Blanche. Le jour des résultats du bac, il prévient sa belle-mère, avant d'aller chercher les résultats : « Guettez mon retour. Vous serez fixée dès que vous m'apercevrez. Reçu, je marche sur le trottoir, sinon sur la chaussée. » Il revint en clopinant, un pied sur le trottoir, l'autre dans le caniveau.

Voltaire, qui venait de faire jouer sa pièce *Olympie*, écrivit à son ami d'Alembert pour lui parler de sa déception devant le peu de succès qu'elle avait rencontré. Il lui confia aussi qu'il l'avait « écrite en six jours ». Plus tard, d'Alembert, qui avait lu la pièce entre-temps, lui écrivit : « Vous auriez dû vous reposer le septième. »

Jacques Martin : « J'étais en train d'interviewer un petit garçon pendant "L'École des fans" et, comme à chaque fois, je lui demande s'il est venu accompagné. Il me dit que oui et je lui demande avec qui. "Je suis venu avec ma maman et monsieur Jo." Alors, je lui demande qui est monsieur Jo, et il répond : "C'est le monsieur qui couche avec maman quand papa est au restaurant." La maman et ce monsieur Jo, qui étaient dans la salle, ont eu un geste invraisemblable : ils ont levé leurs bras pour cacher leur visage, ce qui les accusait encore plus. J'ai dû, pour la première fois de toute ma carrière, couper au montage. Je ne voulais pas déchaîner la colère du cocu. »

Une des plus célèbres paroles prononcées sur un lit de mort, par Vaugelas, qui fut grammairien jusqu'à son dernier souffle : « Je m'en vais ou je m'en vas, puisque l'un ou l'autre se dit... ou se disent. »

Un des plus grands danseurs du XVIIIe siècle, Vestris, avait un fils initié au même art. On lui fit un jour compliment de ce fils :

– Savez-vous que votre fils vous surpasse ?

– Je le crois bien, je n'ai pas eu un aussi bon maître que lui.

Jean Rochefort : « Sur *Du grabuge chez les veuves*, j'ai le souvenir assez précis d'un petit déjeuner avec l'une des actrices principales. Elle me demande ce que je pense du film. Je lui réponds à peu près ceci : "Le metteur en scène est un con ; le scénario, nul ; on est en train de faire une connerie." Arrive ledit metteur en scène qui l'embrasse sur la bouche : "Tu as passé une bonne nuit, mon amour ?" Il restait huit semaines de tournage. »

André Tardieu, qui avait été convié à une chasse présidentielle à Rambouillet, se voit interrogé par le président du Conseil, Georges Clemenceau :

– Alors, jeune homme, êtes-vous bon fusil ?

– Franchement non, répond Tardieu. Je tire affreusement mal et j'ai toujours peur de blesser quelqu'un.

Alors, lui montrant les fourrés où se trouvent plusieurs ministres, le Tigre lui glisse à l'oreille : « Ne vous gênez surtout pas, mon cher. Justement, je songe à un important remaniement ministériel. »

L'un des derniers mots attribués à Jean Cocteau : « Je ne crains pas l'enfer. La seule chose qui m'ennuie, c'est d'y rencontrer Mauriac. »

Le président Coolidge passe pour avoir été le plus silencieux de tous les hôtes de la Maison-Blanche. Un jour qu'il était abordé par une femme au cours d'une soirée officielle, celle-ci lui déclara en riant : « Monsieur le président, je viens juste de parier avec un ami que j'arriverais à vous faire dire au moins trois mots. » Coolidge la regarda de haut en bas et répondit simplement : « Vous perdez. »

Antoine Blondin avait ses habitudes au CHU de Limoges, où ses nombreuses péripéties l'avaient maintes fois mené lorsqu'il habitait la région. Il y possédait d'ailleurs en permanence un rond de serviette, signe ultime pour lui de son attachement à la place. On trouvait même dans cet établissement à une époque, dans la chambre froide réservée aux prélèvements, une énorme boîte de métal sur laquelle était marquée « Foie d'Antoine Blondin ». Les médecins trop curieux avaient la surprise, lorsqu'ils s'aventuraient à ouvrir cette boîte, d'y découvrir un énorme bloc de très bon foie gras. C'est son ami Maurice Ronet, qui un jour en visite à l'hôpital l'avait apporté à notre patient avec un magnum de château-lafite. Étant davantage porté sur le liquide que sur le solide, Blondin fit vite un sort au bordeaux et confia le foie gras à une infirmière, afin qu'elle le mette à conserver au frais. C'est elle, qui, craignant un larcin, identifia la boîte de cette fameuse étiquette et la déposa dans cet endroit bien incongru. L'histoire ne dit pas si des prélèvements du foie d'Antoine Blondin furent faits, ni quels en ont été les résultats.

Bismarck remettait un jour une décoration à un soldat méritant, en tentant toutefois une petite mystification : « Mon ami, au cas où tu serais pauvre, je puis t'offrir cent thalers en échange de la décoration. »

Regardant avec hésitation la croix dans la main de Bismarck, le soldat lui en demanda avec respect la valeur.

– Trois thalers environ.

– Eh bien, que Votre Excellence veuille bien me faire la grâce de me donner la croix avec quatre-vingt-dix-sept thalers.

En tournée aux États-Unis, Sarah Bernhardt reçut un jour la visite d'un certain Sam Davis, un jeune journaliste qui venait l'interviewer à la fois pour deux journaux, *The Examiner* de San Francisco, *The Appeal* de Carson, ainsi que pour l'agence Associated Press.

Charmée, Sarah Bernhardt, à la toute fin de l'interview, donna un baiser sur chacune des joues du jeune homme, puis enfin un troisième sur ses lèvres.

– La joue droite est pour *The Examiner*, la gauche pour *The Appeal*. Et les lèvres pour vous-même.

– Mais, madame, vous oubliez que je représente aussi l'Associated Press qui alimente plus de trois cent quatre-vingts journaux...

Chopin ne put échapper, après un dîner, à l'invitation de jouer une de ses œuvres. Il choisit son plus court prélude qui ne comportait que seize mesures, la maîtresse de maison s'étonna de la brièveté du morceau. Chopin dit en s'excusant : « Je vous ferai remarquer que j'ai très peu mangé ! »

« Quand mes filles ont commencé à aller à l'école, racontait le cinéaste François Truffaut, j'ai voulu dépassionner les histoires de classe. Je leur ai dit : "La bonne place, c'est avant-dernier. Le dernier, lui, est un snob." »

Sim : « Un des canulars les plus cruels de Francis Blanche : jeune acteur débutant, il habitait une chambre meublée dont la propriétaire résidait juste à l'étage au-dessous. Il n'entretenait pas de bons rapports avec la vieille dame acariâtre. En payant son loyer, Francis se faisait constamment griffer par le matou imbécile qui dormait sur la table. Je pense que, vu la fréquence de ses paiements, il n'a pas dû se faire griffer souvent. N'empêche qu'il ne tarda pas à éprouver de la haine pour l'animal. L'occasion d'une vengeance se présenta, un jour d'été, sous la forme du bocal à poisson que la vieille dame avait installé sur un guéridon de son balcon. De sa fenêtre, qui surplombait celui-ci, Francis fit une pêche miraculeuse pendant l'absence de la propriétaire et passa le poisson à la poêle à frire. Après l'avoir délicatement dépecé, il redescendit les arêtes au bout du fil avec un bricolage qui le bascula dans le bocal. Tête de la vieille découvrant avec surprise le squelette de son poisson rouge ! Satisfaction de Francis écoutant le bruyant réquisitoire prononcé contre le chat qui avait poussé l'inconscience jusqu'à venir faire la sieste près du bocal... »

L'un des Marx Brothers, Harpo, qui jouait son personnage sans jamais prononcer un mot, se trouvait un jour dans le hall d'un hôtel, lisant le journal. Derrière lui, deux dames qui l'avaient reconnu chuchotaient : « Il paraît qu'il est vraiment muet. » Se retournant aussitôt, l'acteur leur lança : « C'est absolument faux, mesdames. En revanche, je suis totalement sourd. »

L'écrivain Pomairols souhaitait ardemment entrer à l'Académie française. Son épouse s'était chargée de sa campagne et vint trouver François Coppée : « Maître, lui dit-elle, je vous en supplie, votez pour mon mari, s'il n'est pas élu, il se tuera. » Coppée donna sa voix à Pomairols qui ne fut pas élu pour autant. Et qui n'en mourut point. Un nouveau siège se trouva vacant quelques mois plus tard sous la Coupole et madame Pomairols vint à nouveau solliciter la voix de Coppée. « Ah, non, madame ! Moi j'ai tenu ma promesse, il n'a pas tenu la sienne, je me considère délié de tout engagement ! »

Pierre Richard se souvient : « Sur le tournage de *Je ne sais rien mais je dirai tout*, nous avions recruté sur place une bonne centaine de figurants. Tous étaient chômeurs, se connaissaient, se ressemblaient, et s'entendaient bien... Nous devions tourner une sortie d'usine un peu houleuse, avec d'un côté, les forces de l'ordre, et de l'autre, les ouvriers... On distribue alors un peu au hasard les costumes de flics et d'ouvriers... Le jour même, à la cantine, les flics mangeaient d'un côté, et les ouvriers de l'autre ! Voilà que ces types, qui jusqu'ici, tous les soirs, tapaient gaiement ensemble le carton et leur femme, voilà que ces types qui évoluaient dans la plus franche camaraderie, se dévisageaient maintenant d'un œil carrément suspicieux... À la fin du repas, on est venu les chercher... eh bien, croyez-moi si vous voulez, mais les flics ont accompagné à coups de sifflets la sortie des ouvriers qui traînaient des pieds. Le costume avait gagné. »

On raconte que le compositeur Gabriel Fauré fut, un soir, invité à dîner, afin d'être présenté au mondain public de la soirée. Après le repas, on le sollicite pour qu'il se mette au piano. Premier, deuxième, troisième morceau. Il s'arrête, persuadé d'avoir réglé l'addition... de ce repas gratuit. À minuit, on le prie de se remettre au piano.

– Mais il est tard, je vais déranger les voisins ?
– Oh ! par exemple, s'écria la dame, chacun son tour. Ils ont un chien qui nous embête assez souvent...

Lord Frederick North, l'homme d'État britannique, visita Alger à la fin du XVIIIᵉ siècle et demanda au dey, le régent de l'Empire ottoman, une faveur inhabituelle : celle de pouvoir rencontrer les femmes de son harem. Le dey fut d'abord outré de la demande puis, se révisant, il déclara à son capitaine de la garde : « Après tout, vous pouvez l'y emmener, il est tellement laid. »

Au cours d'un banquet, on demanda à Henry Kissinger de bien vouloir prendre la parole. Le petit discours commença par ces mots : « Jamais je n'ai vu rayonner autant d'intelligence autour de moi, sauf, peut-être, le jour où je me suis trouvé, seul, dans la grande galerie des Glaces à Versailles. »

Henri IV, séduit par Mlle d'Entraygues, une jeune femme de la cour, se permit de lui faire une avance sous forme de question : « Par où pourrait-on gagner votre chambre ? » Réponse de l'intéressée : « Par l'église, sire ! »

Alors qu'Hitler occupait l'Europe, le ministre plénipotentiaire du Reich, Renthe-Fink, vint demander audience à Christian X, roi du Danemark, pour lui poser un ultimatum : « Le Führer suggère que l'Allemagne et le Danemark, ces deux pays frères, soient séparés par une frontière mais unis sous l'autorité d'un seul homme. » Le roi alors : « Le Führer est trop bon, mais je suis trop vieux pour régner sur tant de monde... »

Réponse de Mark Twain à une jeune journaliste qui lui demandait quelles étaient ses habitudes : « Eh bien, je ne fume jamais le cigare en buvant et il est rare que j'écrive un sonnet en faisant de la natation. »

Milord Marlborough étant à la tranchée avec un de ses amis et un de ses neveux, un coup de canon fit sauter la cervelle à cet ami et en recouvrit le visage du jeune homme, qui recula avec effroi. Marlborough lui dit intrépidement :

– Eh ! quoi, monsieur, vous paraissez étonné ?

– Oui, dit le jeune homme en s'essuyant la figure, je le suis qu'un homme qui a autant de cervelle restât exposé gratuitement à un danger inutile.

Jean Yanne : « Au moment où je vous parle, je l'ai lu la semaine dernière dans le journal, dans l'État de Washington, qu'un type est condamné à mort. Comme disait Audiard, il a probablement un petit peu assassiné. Conformément aux lois de l'État de Washington, l'homme doit être pendu. Alors, évidemment, les avocats cherchent à gagner du temps, l'exécution est retardée, une fois, deux fois. Et pendant ce temps-là, que fait le type ? Rien. Pas de promenade, pas de sport. Il passe son temps à une seule chose, à bouffer. Il se fait livrer des repas, comme le règlement de la prison l'y autorise. Il bouffe, il bâfre, il s'empiffre, tant et si bien qu'il atteint les cent quatre-vingt-dix-huit kilos. Et la date de l'exécution arrive. Là, les autorités sont formelles : on ne peut pas pendre par le cou un type de cent quatre-vingt-dix-huit kilos. La tête va se détacher du corps. Et quand la tête se détache du corps, on appelle ça une mort par décapitation. Oui, mais la loi de l'État de Washington est formelle, la mort doit être provoquée par pendaison et non par décapitation. Pour la justice, c'est un casse-tête, si j'ose dire. En attendant, le type continue à bouffer, les avocats sont prêts à attaquer l'État si le type est décapité. Alors hein, les régimes, demandez-lui donc son avis au gars ! »

Napoléon avait peu de goût pour les arts et, en particulier pour la musique. Plus habitué aux soldats qu'aux gens du monde il lui arrivait d'énoncer cette opinion sans trop d'égards pour son interlocuteur.

– La musique, disait-il un jour à Étienne Méhul, est le plus coûteux des bruits.

– Oh ! sire, répartit le compositeur, Votre Majesté oublie le bruit des canons.

Un soir, tard dans un bar, alors qu'on demandait au chanteur et acteur Dean Martin comment il se sentait et s'il ne valait pas mieux qu'il rentre chez lui : « Pourquoi ? On n'est pas vraiment saoul quand on peut encore être allongé sur le sol sans chercher à s'y accrocher. »

François Périer était alors un tout jeune acteur qui suivait les cours de Louis Jouvet.

Jouvet, qui pouvait se montrer dur, déversait ses reproches sur l'élève : « Si Molière vous voyait jouer, mon pauvre, il se retournerait dans sa tombe ! » Réplique immédiate du jeune premier : « Ah bon ? Eh bien, ça le remettra à l'endroit parce qu'il vous a vu la semaine dernière dans *L'Avare* ! »

Une vieille demoiselle félicitait un jour le grammairien Boiste d'avoir éliminé de son dictionnaire les mots obscènes. Il parut surpris : « Mais alors, mademoiselle, vous les avez donc cherchés ? »

On avait conseillé à Schubert de se reposer quelque temps et on lui avait recommandé une paisible auberge de campagne. Après un excellent dîner, l'aubergiste présenta au compositeur une énorme grappe de raisins. Mais le musicien secoua la tête d'un air désapprobateur : « J'ai un faible pour le bon vin, mais je ne voudrais pas le prendre en pilules. »

Sacha Guitry raconte : « Notre oncle Edmond était un être exquis, d'une infinie bonté et d'un esprit semblable à celui de son père. C'était la droiture même et la logique en personne. Succédant à son père, il vendait des rasoirs et du savon à barbe. Quand un client lui demandait si ce "fameux savon" était vraiment meilleur que les autres, il répondait : "Depuis trente ans, je ne me sers que de celui-là." Or, il portait toute la barbe – mais aucun client jamais ne songea à lui en faire la remarque. »

Tristan Bernard se promène dans la campagne avec son petit-fils âgé de cinq ans. Ils arrivent près d'un troupeau de moutons. Le petit garçon s'approche d'un des animaux qui se met à bêler. « Ce n'est pas comme ça qu'on fait bêê », dit alors l'enfant au mouton. Et Tristan Bernard à l'enfant : « Toi, mon garçon, tu seras critique dramatique ! »

Le célèbre gastronome Curnonsky avait été un jour invité à déjeuner par un des propriétaires du clos-vougeot, qui avait bien sûr sorti une bouteille de la meilleure année de ce fameux vin. À la fin du repas, Curnonsky hume une dernière fois son verre et le vide lentement. Puis ajoute : « Je trouve cette bouteille bien petite... Surtout pour son âge. »

Curnonsky ayant félicité une maîtresse de maison pour le homard à l'armoricaine qu'on avait servi, celle-ci, n'osant croire avoir mérité tant de louanges de la part d'un si fin connaisseur, répondit : « Vous dites cela pour me faire plaisir ! » Le roi des gastronomes protesta aussitôt de sa sincérité : « Mais pas du tout... Vous ai-je félicité pour le consommé ? »

La reine Élisabeth et le duc d'Édimbourg se rendirent un soir au théâtre pour voir jouer Laurence Olivier et Vivien Leigh. Lorsqu'ils pénétrèrent dans la loge royale, la foule des spectateurs, debout, applaudit à tout rompre. Dans les coulisses, Vivien Leigh soupira : « Quelle entrée ! » Laurence Olivier, près d'elle, répliqua : « Oui ! Mais aussi, quel rôle ! »

Rossini apprit un jour qu'en France quelques-uns de ses riches admirateurs avaient formé le projet de lui ériger une statue.

– Combien coûtera-t-elle ? demande le musicien.

– Environ dix millions, lui répondit-on.

– Dix millions ! s'exclama Rossini. Mais, pour la moitié de cette somme, je serais prêt à monter moi-même sur le piédestal.

Le président Kennedy recevait à la Maison-Blanche un important homme d'affaires :

– Vous savez, lui dit-il, si je n'étais pas président, j'achèterais à la Bourse en ce moment.

– Je sais, répondit le financier, si vous n'étiez pas président, j'en ferais autant.

Le général Chenu avait, durant toute la guerre de 1914, tenu une chronique militaire dans un grand quotidien. La paix revenue, il envisagea de se reconvertir et en informa le directeur.

– J'aimerais bien tenir une autre chronique à présent.

– Mais certainement, cher ami.

– Par exemple, les courses de chevaux.

– Ah non, sûrement pas, explosa le directeur. Les courses, ça, c'est sérieux !

Vers la fin du XIXᵉ siècle, la comédienne Suzanne Brohan, déjà très âgée, avait un ami presque centenaire : le physicien Chevreul. Un journaliste facétieux s'était amusé à faire courir le bruit que les deux amis avaient convolé en justes noces. On pressa la comédienne pour savoir si elle pouvait confirmer l'incroyable nouvelle mais elle fit une réponse plus drôle encore : « Il a bien été question en effet d'un mariage entre M. Chevreul et moi, seulement, au dernier moment, ses parents ont refusé leur consentement. »

Picasso, en pleine gloire, mangeait dans les plus grands restaurants et traçait souvent, à même la nappe, des croquis et dessins divers. Un jour que le restaurateur du lieu où il terminait son repas, loin de s'offusquer, lui proposa d'oublier la note si l'artiste consentait à lui abandonner son œuvre, Picasso accepta de bonne grâce. Quelques minutes plus tard, l'hôte revint voir son célébrissime client pour une requête : « Maître, pourriez-vous signer votre dessin ? » Alors, Picasso, secouant la tête : « Non. Je paye la note mais je n'achète pas le restaurant. »

S'apercevant, dans une soirée, que Talleyrand semblait particulièrement occupé de Mme Récamier, Mme de Staël pose au prince cette question embarrassante pour sa galanterie, mais bien féminine :

– Si nous tombions à l'eau toutes deux, laquelle vous paraîtrait digne d'être secourue la première ?

– Je parie, baronne, que vous nagez comme un ange.

Bassompierre, bien qu'avancé en âge, faisait une cour assidue aux femmes. Un jour, il entreprit une jeunesse qui s'étonna :
– À votre âge !
– Madame, ne vous y trompez pas. Je suis comme les poireaux, ils ont la tête blanche mais la queue verte !

Une comédienne vint voir Feydeau, rouge de colère et brandissant un papier à la main : « C'est vous qui m'avez envoyé cette carte ? » Feydeau regarda l'objet du délit et y lut : « Vous n'êtes qu'une grue. » « Non, ce n'est pas moi, pourquoi serait-ce moi ? Il y a tant de personnes qui vous connaissent mieux que moi ! »

Une nuit alors qu'il déambule seul dans Paris, Antoine Blondin passe, rue Saint-Dominique, devant le porche d'un ministère, étrangement ouvert et sans surveillance. Il ne peut résister à la tentation, entre dans la cour, continue son périple jusqu'à trouver une porte ouverte. Il se retrouve ainsi dans les couloirs de marbre du ministère désert, allume les lumières les unes après les autres, et se dirige vers le bureau du ministre, où il s'installe. Mettant la main sur l'agenda du maître des lieux, il tombe sur la liste des téléphones préfectoraux. Continuant sur sa lancée, il compose le premier numéro, demande à parler au préfet de la part du ministre de l'Intérieur. Étant donné l'heure extrêmement tardive de l'appel, il insiste pour qu'on réveille celui-ci d'urgence. Quelques minutes plus tard, le préfet est en ligne. Blondin l'admoneste : « Comment cela, le pays traverse des heures tragiques et vous vous dormez ! » Affolé, le préfet rétorque qu'on ne lui a rien signalé dans son département. Blondin reprend de plus belle, l'accusant d'être sourd et aveugle, et donc indigne d'exercer les « hautes responsabilités que la République vous a imprudemment confiées ». Il l'autorise à aller se recoucher, après l'avoir révoqué, sans pension, naturellement. Il s'apprête à réveiller le deuxième haut fonctionnaire de la liste pour lui faire subir le même sort au moment où deux représentants des forces de l'ordre font irruption dans le bureau, arme au poing. L'intrus est maîtrisé et conduit au commissariat le plus proche avant d'avoir terminé sa tâche de restructuration du corps préfectoral.

Jean Yanne : « Pour arrêter de boire, il faut un déclencheur psychologique. Moi, je l'ai eu une nuit. Je rentrais en voiture avec un ami et soudain je lui ai dit : "Attention à la voiture d'en face !" Il m'a répondu : "Mais c'est toi qui conduit, Jean !" Ça m'a donné à réfléchir... »

Mis en pages par DV Arts Graphiques à Chartres
Imprimé en France par l'Imprimerie Mame à Tours
Dépôt légal : octobre 2006
N° d'édition : 633 – N° d'impression : 06102247
ISBN 2-74910-633-8